INDICE

SAVERIO DU BESSÉ

PER**CORSO**
GUIDATO

GUIDA DI VENEZIA

CON ESERCIZI ED ATTIVITÀ DI ITALIANO
PER STRANIERI

Bonacci editore

Si ringraziano:

Bruna Angelilli, Livia De Pietro, Claudia e Francesco du Bessé, Andrea Mele, Ugo Peru, che, a vario titolo, hanno partecipato alla realizzazione di PER**CORSO GUIDA**TO - Guida di Venezia.

Progetto grafico e d.t.p.: interno**zero**
Illustrazioni: *Donatella Bazzucchi*
Foto: *Saverio du Bessé*
Valerio Talamanca

Bonacci editore srl
Via Paolo Mercuri, 8
00193 ROMA (Italia)
tel:(++39) 06.68.30.00.04
fax:(++39) 06.68.80.63.82
e-mail: info@bonacci.it
http://www.bonacci.it

Printed in Italy
© Bonacci editore, Roma 2000
ISBN 88-7573-372-4

INTRODUZIONE

Com'è strutturata la guida
PER**CORSO GUIDA**TO è diviso in 9 brevi capitoli, ognuno dei quali è accompagnato da esercizi (molti con chiave), da figure esplicative, da alcune curiosità legate all'argomento del testo e da qualche informazione sulla parlata veneziana.
I temi dei capitoli sono quelli di una normale guida pratica: 1) il clima; 2) come arrivare; 3) i trasporti; 4) dove dormire; 5) gli itinerari; 6) la cucina; 7) le cinque cose; 8) cinema, teatro e musica; 9) mercati e artigianato.

A chi è diretta
È destinata a lettori che abbiano almeno una competenza post-elementare della lingua italiana e per il suo taglio può essere tanto integrativa ad un'unità didattica e quindi utilizzata in classe, quanto valere come lettura individuale per chi vive all'estero o in Italia.

Obiettivi
Offrire alla persona che studia italiano una maggiore competenza pragmatica della lingua e di conseguenza evidenziare le risposte della nostra cultura ad alcuni aspetti del quotidiano. Inoltre, considerando che ogni capitolo presenta argomenti ed attività differenti, il testo si adatta ad esercitare via via funzioni linguistiche diverse.

Vantaggi per il lettore
Il lettore all'estero, oltre ad affrontare un'attività di lettura di un testo che ci auguriamo piacevole, ha l'opportunità di conoscere nostri modelli culturali e fatti di costume, identificando così le diversità con quelli del suo paese d'origine. Chi viene in Italia ha invece uno strumento in più per capire come affrontare situazioni differenti e quindi maggiori opportunità di entrare in contatto con italiani, evitando incomprensioni e avendo, forse, nel caso di chi soggiorna più a lungo, un rapido inserimento.

Nota
Avvertiamo il lettore che le parole in veneziano riportate nel testo sono state così trascritte perché abbiamo scelto, tra le diverse varianti, la soluzione più utilizzata dalle fonti da noi consultate. Per questo motivo il lettore potrebbe notare che in altri testi una parola veneziana è stata scritta in modo differente rispetto alla nostra guida.

IL CLIMA

INVERNO

Fa freddo? C'è vento? Piove? Sì, sì, sì! Fa un freddo cane, c'è un vento che ti taglia le orecchie e spesso diluvia. Ma non importa, venite lo stesso a Venezia! O forse volete perdervi lo spettacolo della **nebbia** che avvolgendo la laguna dà alla città un'atmosfera unica e magica, da rimanere incantati? Attenzione, però: **vestiti pesanti**, ma soprattutto **scarpe impermeabili** e **comode** per affrontare le lunghe passeggiate e i circa quattrocento ponti della città. **Ostreghèta**! (Accidenti!) Per poco non dimenticavamo di dirvi che i mesi invernali sono anche i mesi del **carnevale**: la festa di Venezia assolutamente da non mancare.

CURIOSITÀ

Il carnevale. Il 1980 è l'anno del grande ritorno del carnevale, la festa più eccitante e più strordinaria. Quando Napoleone occupò Venezia la città perse la sua voglia di divertimento e il carnevale, che in laguna durava per buona parte dell'anno, scomparì quasi del tutto. Il carnevale a Venezia sembra risalire al 1094 e così il gusto di mascherarsi, ma è nel XVIII secolo che uscire con la baùta (mantellina di seta o anche di velluto o di merletto, cappuccio con in cima il tricorno nero e sul viso una mascherina) diventa un'abitudine, un fatto quasi normale. Oggi il carnevale ha ritrovato il suo fascino e Venezia si riempie di gente, ci sono spettacoli, rappresentazioni, balli, concerti, regate e tante altre iniziative.

PRIMAVERA

I mesi primaverili sono forse i migliori per visitare Venezia. Durante il giorno passeggiare è un vero piacere come pure è gradevole una sosta ai tavoli all'aperto dei bar per bere uno **sprìz** (il tipico aperitivo veneziano a base di vino bianco e selz), fare "**quatro ciàcoe**" (quattro chiacchiere) e prendere un po' di sole. La temperatura sale e scende frequentemente e la sera può fare un po' più freddino. A maggio si passa dal **maglione** alla **maglietta** e dalla **giacca pesante** al **giubbotto jeans**. Da giugno fine settimana alle spiagge del Lido: **occhiali da sole**, **cappelli** e **visi abbronzati**.

CURIOSITÀ

Alcune feste tradizionali. Il 25 aprile, alla festa di San Marco gli uomini innamorati regalano alla loro bella un bòcolo (un bocciolo di rosa). Maggio è il mese della Vogalonga, gara per barche a remi che, partendo da San Marco, fanno il giro delle isole della laguna, percorrono il Canal Grande e ritornano a San Marco. Nel giorno dell'Ascensione, invece, c'è una festa a cui i veneziani sono molto legati: la Sensa, una cerimonia di sposalizio con il mare che, probabilmente, risale all'anno 998, quando le navi della città liberarono la Dalmazia.

ESTATE

Nei mesi estivi caldo eccessivo, **umidità** alle stelle e soprattutto luglio ed agosto sotto il segno dell'**afa**. In questi mesi l'umidità può arrivare fino al 95%, quindi non è proprio il periodo ideale per visitare Venezia. Ma, se per voi non è un problema affrontare il grande caldo durante una passeggiata o dormire sotto una **zanzariera**, allora il soggiorno estivo offre, comunque, spunti interessanti. Come la **festa del Redentore**, la terza domenica di luglio o la **Regata storica**, la prima domenica di settembre. Abiti leggeri e non dimenticate **costume da bagno** e **creme da sole** per passare una giornata al mare.

La festa del Redentore e la Regata storica. Nella festa di luglio si ricorda la fine dell'epidemia di peste del 1576. Un ponte di barche permette ad una processione di attraversare il Canale della Giudecca e raggiungere la Chiesa del Redentore. Il sabato sera grande festival pirotecnico. Nella festa di settembre, invece, quattro regate sul Canal Grande e un corteo storico con la "partecipazione" del doge e della dogaressa.

AUTUNNO

Cosa sono queste sirene? È scoppiata la terza guerra mondiale? Stanno per bombardare Venezia? Ma no, è comunque una grossa sciagura! Sono le sirene che avvertono che l'**alta marea** sta per mettere in difficoltà la città. Venezia finisce sott'acqua per almeno quaranta giorni l'anno e questo fenomeno si verifica soprattutto durante i mesi autunnali. Come affrontare **l'acqua alta**? Camminare sulle **passerelle di legno** ed evitare 'guadi' a **piedi nudi**, una passeggiata nell'acqua gelata può costare qualche raffreddore e qualche giorno di vacanza passata a letto. Meglio ancora è sfidare le numerose emergenze con degli **stivali di gomma** o, addirittura, con quelli **da pesca**. E, se venite colti di sorpresa dalla sventura, come evitare di rimanere con i **piedi a mollo**? Procuratevi delle **buste di plastica**, infilateci i piedi e copritevi il più possibile, dovrebbe bastare.

Festa della Salute. Il 21 novembre fate come i veneziani e accendete una candela per ringraziare e festeggiare la Madonna della Salute. Per ricordare la liberazione dalla peste del 1630, si forma un ponte di barche che attraversa il Canal Grande, permettendo, ad una processione ed ai fedeli, di raggiungere la Chiesa della Salute.

Qual è l'aggettivo corrispondente al nome tra parentesi? Completate le frasi scegliendo tra le due proposte:

1) Oggi è   *(afoso / affabile)*   (afa)

2) Ieri era   *(nebuloso / nebbioso)*   (nebbia)

3) Un pomeriggio   *(assolato / assolto)*   (sole)

4) Una giornata   *(piovosa / spiovente)*   (pioggia)

5) Stasera è   *(umile / umido)*   (umidità)

Com'è il clima?
Mettete nel giusto ordine le parole:

1) ossa che le entra ti c'è umidità un' dentro

....

2) una nebbia coltello taglia neanche con il c'è che non si

....

3) c'è afa respira un' si che non

....

4) dirotto piove a

....

5) c'è sole rende più un ancora Venezia che bella oggi

....

Cosa mettere nella valigia?
Le frasi in elenco sono dei buoni consigli? Sì o no?
*Indicate con il segno **x** la vostra scelta:*

                                                  sì no

1) Se partite a novembre basteranno delle scarpe di tela. ☐ ☐

2) In estate portatevi degli stivali di gomma. ☐ ☐

3) A settembre portate un costume da bagno. ☐ ☐

4) Ad aprile nessun indumento pesante, mi raccomando! ☐ ☐

5) A Ferragosto non dimenticate il cappotto! ☐ ☐

Occhio alle curiosità!
Le affermazioni che seguono sono vere o false?
*Indicate con il segno **x** la vostra scelta:*

                                               vero falso

1) A Venezia Napoleone usciva sempre in baùta. ☐ ☐

2) A maggio gli uomini innamorati partecipano
alla Vogalonga ☐ ☐

3) Per la festa del Redentore ci sono
i fuochi d'artificio. ☐ ☐

4) Per celebrare la festa della Salute
si accende una candela. ☐ ☐

5) Alcune feste ricordano la fine di atroci pestilenze. ☐ ☐

COME ARRIVARE

IN AEREO

State per atterrare a Venezia, benvenuti! L'aeroporto della città dei sogni si chiama **Marco Polo** e si trova a **Tessèra**, a dodici chilometri dalla città lagunare.

Per raggiungere Venezia dall'aeroporto ci sono diverse alternative. Potete scegliere i **servizi autobus** o **navetta**, economici e diretti a **Piazzale Roma**. Altrimenti, l'**Alilaguna** o alcune linee di motoscafi vi porteranno a **Piazza San Marco**, la corsa ha un costo non eccessivo.

Un'altra soluzione, ma più cara, è, infine, il **taxi acqueo**.

Per gli amanti del volo segnaliamo la possibilità di fare un giro panoramico sulla città volando su un piccolo aeroplano. Questi arditi visitatori devono andare all'**aeroporto Nicelli** a **San Nicolò al Lido**.

CURIOSITÀ

Marco Polo. Marco Polo (1254 - 1324) aveva sedici anni quando partì insieme al padre Niccolò e allo zio Matteo, viaggiatori e mercanti, per l'Asia Centrale, raggiungendo Pechino. Il Gran Khan Qubilai gli diede incarichi importanti in Tibet, nell'Annam e nella Cocincina. Tornò a Venezia dopo venticinque anni e nel 1298 venne fatto prigioniero dai genovesi. In carcere dettò a Rustichello da Pisa la relazione dei suoi viaggi; scritto in francese nacque *Il libro delle meraviglie del mondo*, che trovò fortuna, però, con il titolo *Il Milione*.

Rispondete alle domande:

1) Come si chiama l'aeroporto di Venezia?

....

2) Dove si trova?

....

3) A quanti chilometri si trova dalla città?

....

4) Come si può raggiungere Venezia dall'aeroporto?

....

5) Da quale aeroporto è possibile fare un giro turistico in aereo?

....

Esercizio 2

Riempite gli spazi vuoti scegliendo tra le due preposizioni proposte:

Sono arrivato a Venezia **di/da** ...... Santiago del Cile insieme **dei/a**
...... due miei amici: Ana e Francisco. Il volo è andato bene:
abbiamo fatto scalo **a/per** ...... Madrid e così abbiamo avuto
l'occasione di fare un giro **tra/per** ...... la capitale spagnola. **Nel/A**
...... pomeriggio siamo ripartiti e dopo poco tempo siamo arrivati a
Venezia. All'aeroporto Marco Polo abbiamo cambiato i soldi e
abbiamo tentato **di/a** ...... parlare con l'impiegato, un uomo
della/sulla ...... quarantina, ma il suo italiano era incomprensibile
a/per ...... noi. Ci siamo accorti subito che l'italiano **di/in** ...... qua
era ben diverso da quello parlato dal nostro professore a Santiago.
Per arrivare a Venezia abbiamo preso un autobus e dopo circa
mezz'ora siamo arrivati **per/a** ...... Piazzale Roma, dove ci
aspettava la nostra amica Arianna.

IN TRENO

Arrivare a Venezia in treno è emozionante. Si attraversa il **Ponte della Libertà** e da lontano si può vedere la città che si avvicina lentamente. Una volta scesi vi troverete alla **Stazione ferroviaria Santa Lucia**, dove, come nelle stazioni delle altre grandi città, potrete trovare tutto quello che vi serve: bar, giornali, sigarette, ristorante, ufficio cambio, ufficio informazioni e tutti gli altri servizi utili ai viaggiatori. Uscendo dalla Stazione cominciano subito i batticuori, davanti a voi il **Canal Grande**!

CURIOSITÀ

Il Canal Grande. Il Canal Grande è lungo circa quattro chilometri e sulle sue rive si è sviluppata la storia della Serenissima: se inizialmente aveva la sola funzione di attracco per le barche che giungevano dal mare, nel corso del tempo si è poi trasformato in un museo a cielo aperto. Le famiglie nobili costruirono palazzi sempre più belli per ostentare la loro grandezza e il loro potere. Lungo le due rive del corso d'acqua, a cominciare dal Ponte degli Scalzi e fino al Bacino di San Marco, si possono ammirare delle meraviglie dal valore immenso.

Riempite gli spazi vuoti scegliendo tra le parole in elenco:

Io e Giulia siamo quasi arrivati a Venezia. Nello ....
ci siamo solo io e lei e anche per questo abbiamo viaggiato
comodamente. Siamo andati a mangiare al ....
ristorante: un pranzetto niente male. Ora, mentre lei legge un
libro, io guardo il paesaggio dal .... Poi,
attraversiamo il Ponte della Libertà e finalmente entriamo in
stazione. Scendiamo dal treno, prendiamo un ....
per i bagagli e andiamo all'appuntamento con Alessandra che ci
aspetta al .... tre.

1) **finestrino**; 2) **carrello**; 3) **scompartimento**; 4) **binario**;
5) **vagone**.

Le affermazioni che seguono sono vere o false?
Indicate con il segno x la vostra scelta:

		vero	falso
1)	Il Canal Grande è lungo più o meno 4000 metri.	☐	☐
2)	Lungo le due rive del Canal Grande si è sviluppata la storia della città.	☐	☐
3)	Il Canal Grande è sempre stato chiuso alle barche che venivano dal mare.	☐	☐
4)	I nobili hanno costruito le loro case lontano dal Canal Grande.	☐	☐
5)	Il Ponte degli Scalzi è l'unica costruzione da ammirare lungo il Canal Grande.	☐	☐

IN AUTO

Come è ovvio le macchine a Venezia non possono circolare. Potete però raggiungere Piazzale Roma e lasciare la vostra **quattro-ruote** in uno dei **parcheggi a pagamento**.

Un altro parcheggio si trova sull'isola del **Tronchetto**. Problemi per i nostalgici degli spostamenti su ruota: nella **Serenissima** è vietata la circolazione anche delle biciclette, rassegnatevi!

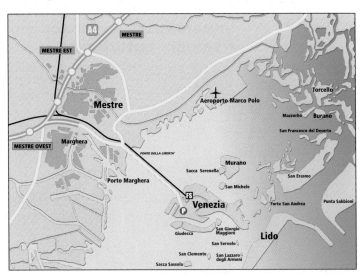

CURIOSITÀ

La Serenissima. La Serenissima è per antonomasia la Repubblica di Venezia. In passato, però, Serenissima era un titolo d'onore attribuito alle Repubbliche di Genova e di Venezia e ai rispettivi organi di governo. Oggi, invece, è riservato solo alla piccola Repubblica di San Marino.

Vaporetto

È il mezzo di trasporto più comune della città. Con il vaporetto si possono raggiungere tutte le zone di Venezia e anche **altre isole della laguna**. La linea 1, invece, percorre tutto il Canal Grande e permette, a chi non vuole andare su e giù per i ponti, di arrivare da Piazzale Roma a San Marco risparmiandosi una lunga camminata. I **biglietti** si possono acquistare presso i botteghini degli **imbarcaderi**, dai **tabaccai** o nelle altre **rivendite autorizzate**.

Esistono, poi, tanti tipi di biglietto o di **abbonamento**, da quello **orario** a quello **settimanale** e da quello **familiare** a quello di **gruppo**. Possibilità di fare il biglietto a bordo rivolgendosi al marinaio. Prima di salire sul vostro vaporetto non dimenticate di **timbrare** il biglietto per **convalidarlo** (gli abbonamenti si timbrano solo al primo passaggio).

A chi vuole avere informazioni più dettagliate e continuamente aggiornate su biglietti, abbonamenti e tariffe, suggeriamo di visitare il sito internet http://www.actv.it

CURIOSITÀ

Le altre isole della laguna. La storia di Venezia si sviluppò all'inizio in tutta la laguna, solo in un secondo momento gli interessi si spostarono intorno al Canal Grande. Secondo un cartografo del Settecento le isole lagunari erano circa 150, ora ne rimangono solo una trentina, le altre sono sprofondate, scomparse. Alcune delle superstiti sono famose in tutto il mondo e continuano ad essere dei centri vitali, altre invece, riportano solo i segni di un glorioso passato. Per una ventina delle isole minori ci sono dei progetti che mirano alla loro salvezza dal degrado e dall'abbandono.

Esercizio

Rispondete alle domande:

1) Dove si possono comprare i biglietti?

....

....

2) Quando deve essere convalidato il biglietto?

....

....

Taxi

Volete prendere una **lancia**, cioè il taxi su acqua? Sì? Allora vi consigliamo di non accettare passaggi da imbarcazioni dove non sia esposto il **simbolo comunale** (in nero su fascia gialla) e non sia ben visibile il **tassametro**. Del resto prendere il taxi a Venezia è quasi un lusso, ma se poi si capita tra le mani di un **abusivo** si rischia di pagare cifre da capogiro.

Esercizio

Trovate le espressioni più adatte a sostituire nel testo i termini in elenco, così come i loro contrari:

	equivalenti	contrari
1) non accettare	....	....
2) esposto	....	....
3) quasi un lusso	....	....
4) abusivo	....	....
5) pagare	....	....

Gondola

Tutti hanno sognato di fare uno **straromantico** giro di Venezia in **gondola** almeno una volta nella vita e allora cercate di non perdere la prossima occasione. Appagate il vostro desiderio, anche perché vedere la Serenissima da uno dei simboli che più la rappresenta è uno spettacolo da non perdere. Potete scegliere di andare in solitudine o con altre persone e poi, per chi vuole, c'è la possibilità di avere a bordo dei musicisti.

Chi ha il **portafoglio sgonfio** può comunque soddisfare la sua voglia di gondola salendo su una di quelle che fa il **servizio traghetto** da una parte all'altra del Canal Grande.

Esercizio

Provate ad imparare a memoria l'inizio di questa famosa canzone del XVIII secolo. S'intitola La gondoleta *e le parole sono in veneziano.*

La biondina in gondoleta
L'altra sera gò menà,
Dal piacer la povereta
La s'à in bota indormenzà.
La dormiva su sto brazzo,
Mi ogni tanto la svegiava,
Ma la barca che ninava
La tornava a indormenzar.

E ora, potreste provare a tradurla.

....

....

....

....

....

....

....

....

CURIOSITÀ

Gli squeri. Negli squeri si costruiscono e si riparano imbarcazioni, soprattutto gondole. Costruire gondole non è proprio facile facile, anzi. Per ogni gondola gli artigiani utilizzano 8 tipi di legno e si servono durante la lavorazione anche della squadra. E per questo che, secondo alcuni, dal nome veneto dello strumento *squara* (squadra) deriva il nome del cantiere, squero. Il ferro di prua è, invece, la parte più caratteristica dell'imbarcazione: secondo la tradizione popolare la curva simbolizza il corno ducale, i sei denti 'esterni' i sestieri della città e il dente 'interno' la Giudecca. Una gondola è lunga circa 11 metri, larga più o meno 1 metro e 40 e pesa intorno ai 400 chilogrammi.

Nessuno vuole perdersi un viaggetto a Venezia e la città dei sogni è pronta ad accogliere tutti. Soluzioni per gli amanti degli alberghi straeleganti, per quelli che preferiscono abbinare ad una vacanza in città anche un soggiorno tra il verde e la natura e per gli studenti non proprio ricchissimi. Insomma, non sarà certo il problema dell'alloggio a fermarvi. **Prenotate** in anticipo e... Venezia sarà vostra.

Per avere maggiori informazioni sui luoghi dove alloggiare telefonare all'APT di Venezia (guardare l'agenda a pagina 74).

CAMPEGGI

Gli amanti della vacanza in **tenda** o in **roulotte** non devono preoccuparsi: nelle zone vicino Venezia abbondano i **campeggi**, soprattutto sul **Litorale del Cavallino**, e non dovrebbe essere difficile trovare un posticino adatto alle vostre esigenze. Meglio, comunque, prenotare in anticipo, soprattutto in concomitanza con appuntamenti culturali o con feste tradizionali.

OSTELLI

Per pernottare a Venezia senza spendere molto può essere una buona idea scegliere una stanza, ad esempio, all'**Ostello di Venezia**. L'Ostello di Venezia si trova sull'**isola della Giudecca**, ha 60 camere e 260 posti letto.
Anche qui prenotare con un certo anticipo.
Ostello di Venezia - Fondamenta delle Zitelle 86, Tel. 0415238211

FORESTERIE

Un'altra soluzione per spendere poco e soggiornare in città è quella di rivolgersi ad una **foresteria**. Si tratta nella maggioranza dei casi di **istituti religiosi** che normalmente ospitano studenti, ma in alcuni periodi dell'anno fungono da foresteria. Prezzi convenienti, l'unico problema è che nella maggioranza dei casi c'è un orario di rientro, intorno alle 22,30.

AGRITURISMI

Trovare una sistemazione fuori città e vivere a contatto diretto con la natura è sicuramente un'ottima decisione. Approfittate delle straordinarie opportunità che vi offrono i **complessi agrituristici**: relax, divertimento e la vicinanza con la città dei sogni.

ALBERGHI

Alberghi per tutti i gusti e per tutte le tasche. Trovare la **camera** che fa per voi non dovrebbe essere un'operazione complicata. Avete a disposizione un'ampia scelta: dagli **alberghi a cinque stelle** a quelli più a **buon mercato**, magari in qualche campiello defilato. Resta il solito problema, quello di prenotare in anticipo.

TEST

■ scoprite il vostro itinerario per una vacanza a due

Scegliete la risposta A, B o C per ognuno dei tre quesiti, poi controllate se avete risposto con più A, più B o più C. A ciascun risultato corrisponde un itinerario adeguato alla vostra idea di vacanza a due. Chi non risponde più volte con la stessa lettera avrà comunque un itinerario da percorrere:

Avete scelto di passare i vostri giorni di vacanza in un campeggio ben organizzato: spiaggia riservata, cinema, noleggio imbarcazioni, parco giochi bambini, campo da tennis, piste da ballo, scuola sub, locale TV, animazione professionale, insomma tutto quello che serve per rendere più piacevole il vostro soggiorno. Quando tornate a casa...

A) Siete soddisfatti della vostra vacanza e contenti tornate al vostro studio o al vostro lavoro.

B) Stanchi di tutte le attività svolte in vacanza, ripartite subito. Questa volta andate da soli in cima ad una montagna.

C) Siete stanchi, ma anche contenti. Avete giocato a tennis, imparato a ballare salsa e merengue e avete fatto le vostre prime immersioni... e Venezia? L'avete visitata?

State passando alcuni giorni a Venezia e avete scelto di alloggiare in una foresteria. Una sera andate a cena fuori e già sono le 22,45, poi fate una passeggiata e si fanno le 23,30. Avete voglia di un gelato, 0,15. "Dai, chiacchieriamo ancora un pochino", le 3,15. Ma dove avete la testa? Dovevate rientrare alle 22,30! E ora cosa fate?

A) Che ve ne importa, la notte è piccola per voi. Dormirete un'altra volta!

B) Vi disperate, suonate, bussate, svegliate tutti. Avete troppo sonno!

C) Prendete una stanza in un albergo.

Siete dei topi d'albergo (i ladri che rubano negli alberghi) e avete progettato un grande colpo in un importante hotel. Dovete scegliere tra il suggestivo Danieli, dove hanno soggiornato artisti e letterati; l'elegantissimo Cipriani, dove la suite più prestigiosa gode della vista su Piazza San Marco; l'Excelsior, l'hotel del Lido che ospita i divi del cinema durante il festival.
Scegliete:

A) L'Excelsior, per rubare il Leone d'oro al vincitore del festival del cinema.

B) Il Danieli, per rubare l'argenteria dalla sala ristorante.

C) Il Cipriani, per rubare tutto ai clienti della suite principale mentre si godono la vista su Piazza San Marco.

MAGGIORANZA DI A:
ITINERARIO "L'ALCOVA"

Siete nel **sestiere Dorsoduro** e precisamente in **Campo dei Carmini**. State cercando un posticino poco frequentato per passare un po' di tempo uno abbracciato all'altra. Qui, però, c'è troppa gente. Decidete di prendere la strada a sinistra della **Chiesa dei Carmini**, lanciando un rapido sguardo alla bella facciata. Qualche passo e alla vostra sinistra si estende **Campo di Santa Margherita**, uno dei luoghi più vivaci di Venezia, animato dai negozi, dai caffè e al mattino anche da un brioso mercato. Continuate prendendo **Rio Terà Canal**, poi girate a sinistra per **Fondamenta Alberti** e proseguite dritto per **Fondamenta Rezzonico**.

A questo punto entrate a **Ca' Rezzonico**, al **Museo del Settecento veneziano**. Andate al secondo piano, entrate nella stanza dov'è stata riprodotta una camera da letto veneziana, chiamata l'**alcova**. E ora, se proprio non potete resistere...

CURIOSITÀ

Il Ponte dei Pugni. Proprio vicino a Ca' Rezzonico c'è il Ponte dei Pugni, un ponte sul rio di San Barnaba. Fino al 1705 e da settembre a Natale, due fazioni rivali della città, i Nicolotti e i Castellani, davano vita a continue zuffe e si picchiavano sul ponte a suon di pugni (da qui il nome del ponte). L'accesa rivalità era alimentata dal governo, che mirava probabilmente ad avere uomini allenati e pronti alla scazzottata.

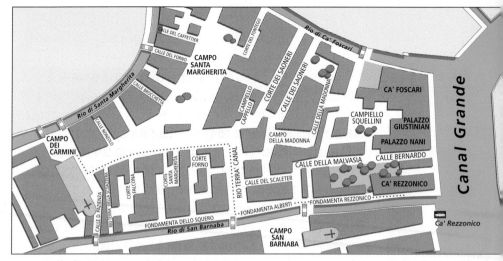

Itinerario **L'alcova**

Un po' di vocabolario. Nella colonna A sono elencati alcuni termini della toponomastica veneziana, trovate la corrispondente spiegazione nella colonna B:

A

B

1) calle

a) corso d'acqua trasformato in strada

2) campo

b) percorso pedonale che costeggia un rio

3) fondamenta

c) quartiere della città

4) sestiere*

d) via di Venezia

5) rio terà

e) piazza di Venezia

* I sestieri della città sono sei:
San Marco, Cannaregio, Castello, Dorsoduro, San Polo
e Santa Croce.

Una passeggiata in una notte di mezza estate è l'ideale per scoprire alcune affascinanti atmosfere della città dei sogni. Avete cenato in un ristorantino del sestiere **Cannaregio** e quella spigola, preparata al sale e accompagnata da un fresco vino bianco, vi ha messo dell'umore giusto per affrontare un itinerario in una zona magica di Venezia ancora poco frequentata dai turisti. Siete davanti alla **Chiesa della Madonna dell'Orto**, nel campo omonimo. Ammirate la

splendida facciata e l'orientaleggiante campanile e, poi, attraversate il ponte alla vostra sinistra. Il gorgoglio dell'acqua che s'infrange dolcemente sui muri dopo il passaggio di un'imbarcazione a remi e il rimbombo dei vostri passi vi introducono a **Campo dei Mori**. Lì, vi aspettano tre statue

incastonate sul muro che raffigurano i fratelli Mastelli, ricchi mercanti arabi, arrivati a Venezia nel XII secolo per fare della città lagunare il centro dei loro lucrosi traffici. Svoltato l'angolo a destra, vi troverete sotto la casa del **Tintoretto**, il grande pittore veneziano. Ora, però, continuate la vostra passeggiata prendendo **Ponte dei Mori** e proseguendo dritto per **Calle Larga**. Girate a destra per **Fondamenta della Misericordia** e andate dritto per **Fondamenta degli Omersini**. Attraversate **Ponte del Ghetto Nuovo** e arrivate a **Campo del Ghetto Nuovo**. Qui, dove ci sono i "grattacieli" di Venezia, gli edifici arrivano, infatti, fino al nono piano, si respira un'atmosfera unica, rivelatrice di alcuni aspetti della storia della città e di una tranquilla quotidianeità.

CURIOSITÀ

Il Tintoretto. Jacopo Robusti detto il Tintoretto (1518 - 1594) è stato il pittore più originale e prolifico di Venezia. Nella scuola veneziana appare come il grande maestro della luce, che seppe fondere il colorismo del Tiziano con la forza drammatica di Michelangelo. Dipinse, con risultati prodigiosi, ritratti, pale d'altare, tele sacre e profane.

Esercizio

Tracciate sulla cartina il percorso dell'itinerario "di notte".

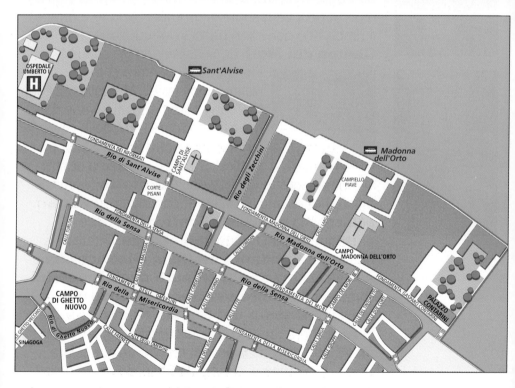

Itinerario **Di notte**

Siamo nel **sestiere San Marco** a **Campo San Samuele** e decidiamo di seguire di nascosto una coppia di turisti, lui un occidentale alto e castano, lei un'orientale dagli occhi a mandorla. Ci avviciniamo per ascoltare di cosa

parlano. Prima discutono sull'esposizione appena vista a **Palazzo Grassi**, poi su quello che desiderano visitare in giornata. Si fermano ad ammirare un piccolo **campanile del XII secolo** e prendono, a destra, **Salizzada Malipiero**. Girano alla prima a destra, per **Calle Malipiero**, in una casa di questa strada nacque il celebre **Giacomo Casanova**. I due leggono una guida con molta attenzione. Hanno, però, un'aria annoiata e in silenzio riprendono il loro percorso: passano per un sottoportego, girano prima a sinistra e poi a destra per **Ramo Calle del Teatro**, proseguono dritto, attraversano due ponti, giungono a **Campiello Loredan**, voltano a sinistra e arrivano stancamente a **Campo Santo Stefano**, uno dei campi più suggestivi della città. Si siedono al tavolo di un bar, prendono un gelato, parlano un po' e regalano le loro guide ad un passante. Ecco, se ne sono liberati. Ora possono perdersi per calle e campielli, scoprendo finalmente la magia della città.

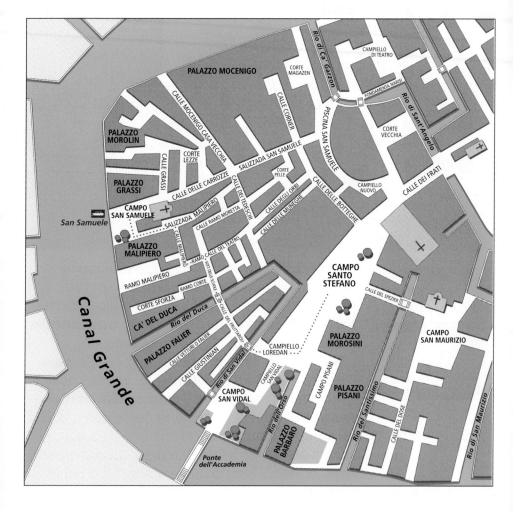

Itinerario **L'inseguimento**

CURIOSITÀ

Giacomo Casanova. Avventuriero e scrittore (1725 - 1798). Viaggiò in Europa esercitando diverse attività: giocatore, diplomatico, speculatore, spia, cabalista. Imprigionato nei Piombi di Venezia, riuscì ad evadere, narrando, in seguito, la sua fuga romanzesca. Celebre per le sue *Memorie* (scritte in francese), notevoli, più che per la descrizione delle avventure erotiche, come documento della società del suo tempo.

Esercizio 1

Un po' di vocabolario. Nella colonna A sono elencati alcuni termini della toponomastica veneziana, trovate la corrispondente spiegazione nella colonna B:

A
1) sotoportego
2) salizada
3) ramo
4) ruga
5) corte

B
a) le prime strade ad essere rivestite di pietra
b) stradina che si dirama da una calle principale
c) strada commerciale
d) spazio esterno comune a più case
e) passaggio coperto

Esercizio 2

Rispondete alle domande:

1) 1) In quale sestiere siamo?

....

2) Da dove inizia l'itinerario?

....

3) Dove si trova la casa in cui nacque Casanova?

....

4) Dove prendono il gelato i due protagonisti?

....

5) Per dove si perderanno?

....

Non vi dovete chiedere perché, ma per qualche strana magia siete tornati indietro nel tempo. Non capite bene in quale periodo, potrebbe sembrare il **Medioevo**. Ma la cosa più sconcertante è che vi hanno accusato di aver rubato delle pietre preziose e ora dovete scontare la pena per questo tipo di reato.

Siete a Piazza San Marco e vi hanno detto che dovete correre più veloce possibile e arrivare alla

Statua del Gobbo, dopo il **Ponte di Rialto**. Due ali di folla riempiono il vostro percorso. Vi spogliano, siete nudi e *stak*, sentite una prima frustata sulla schiena, allora cominciate a correre, a correre, *stak* e poi ancora *stak*.
Tutte le persone hanno in mano una frusta o qualcosa con cui vi colpiscono durante il vostro passaggio. Sentite un dolore lancinante, ma avete la forza di resistere. Finalmente superate il ponte e

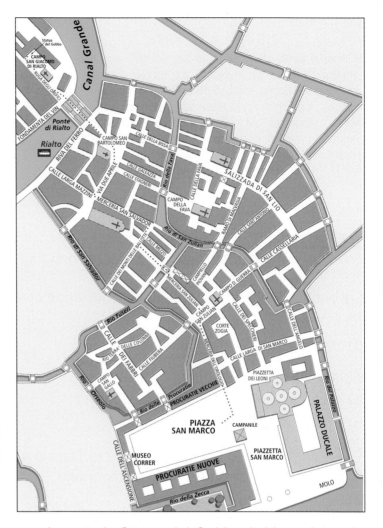

raggiungete la Statua del Gobbo, l'abbracciate e la baciate. Il tormento è finito.

Vi svegliate nella vostra stanza d'albergo; per fortuna era solo un incubo. Ma questo succedeva veramente ai ladri durante il Medioevo. Molto meglio percorrere ai giorni nostri questo collaudato e classico itinerario tra i tanti turisti e i rassicuranti cartelli "per Piazza San Marco", "per Rialto" e "voi siete qui".

CURIOSITÀ

Il Ponte di Rialto. Siete sul Ponte di Rialto? Bene. Dovete sapere che questa, in pietra e a forma di arco, è la sesta versione del ponte, misura 48 metri di lunghezza, 22 metri di larghezza e 7,5 metri di altezza. L'opera di Antonio da Ponte venne inaugurata nel 1591 e le dodici arcate doppie che oggi ospitano i negozi, un tempo erano sede di attività finanziarie e bancarie. Del resto la zecca in passato si trovava vicino al ponte che si chiamava diversamente: Ponte della Moneta (1170).

Esercizio

E ora un po' di storia. Rispondete scegliendo tra le due alternative.

Secondo la leggenda la data della fondazione di Venezia è il...
A) 421 d.C. ☐
B) 302 a.C. ☐

Il doge era...
A) Il supremo magistrato della Repubblica ☐
B) Un'alta autorità ecclesiastica ☐

Il Maggior Consiglio si riuniva a Palazzo Ducale e aveva facoltà di...
A) Legiferare ed eleggere cariche importanti ☐
B) Battere moneta ☐

Venezia era una delle quattro repubbliche marinare, le altre tre erano...
A) Ancona-Bari-Sorrento ☐
B) Amalfi-Genova-Pisa ☐

Dopo le occupazioni austriache e francesi, Venezia diventa italiana nel...
A) 1866 ☐
B) 1918 ☐

AL BAR

Avete visto al teatro **La bottega del caffè**, la commedia di **Carlo Goldoni**? No? Allora per farvi un'idea dell'importanza che sempre ha avuto il caffè nella città veneta non perdetevi questo vero capolavoro. Commedia a parte, vale la pena fermarvi in uno dei **caffè storici** di Piazza San Marco, come ad esempio il **Caffè Florian** o il **Caffè Quadri**, rimarrete affascinati dai raffinati interni. Anche la sosta in uno degli altri bar, sparsi per tutta la città, vi darà modo di assaggiare della vere leccornie (leccornie? cose buone da mangiare). Dai **tramezzini** alle **pizzette**, da chi **gioca a carte** e beve un **bicchiere di vino** a chi fa quattro chiacchiere e beve un bicchiere di vino. E non rinunciate ad entrare in una **pasticceria** o in una **gelateria**, **vi leccherete i baffi!**

Esercizio 1

Tra i giochi di carte in elenco c'è uno sport, scoprite quale.

1) Tresette   2) Scopa   3) Bocce
4) Briscola   5) Sette e mezzo   6) Rubamazzo

ALLA RICERCA DI UN BÀCARO

Avete fame? Sì? Allora approfittate del vostro appetito ed entrate in un **bàcaro**. Cosa sono i bàcari? Altro non sono che le osterie veneziane. Chi vuole provare i sapori più genuini di Venezia non deve far altro che entrare in uno di questi locali e ordinare, al banco o al tavolo, un **cicheto** (cicchetto) e un'**ombra**. E cosa sono ombra e cicchetto? L'ombra è un bicchiere di vino. Il nome ombra sembra derivare dal fatto che in passato le botti di vino venivano conservate all'aperto e non in cantine. Il luogo prescelto doveva essere sempre all'ombra, in una frescura perenne. Mentre il cicchetto è uno **spuntino** che serve a **stuzzicare** (stuzzicare? stimolare) l'appetito. Un po' di cicchetti possono sostituire un pasto e se ne trovano di vari gusti, ma soprattutto a base di **pesce** o di **salumi**. Da provare la classica **fetta di pane** con il **baccalà mantecato** o con le **alici marinate**, ottimi i cicchetti con i **polipetti**, intramontabili quelli al **prosciutto** e con la **polpetta di carne**. Però la scelta è tanta, si accontentano tutti i desideri e tutti i gusti.

Di che si tratta? *Ad ogni genere alimentare in elenco nella colonna **B** corrispondono due piatti o alimenti in elenco nella colonna **A**. Trovate quali:*

A	B
1) Baicolo	**a)** Frutto di mare
2) Baccalà	**b)** Pasta
3) Tiramisù	**c)** Dolce
4) Vongola	**d)** Pesce
5) Alice	**e)** Carne
6) Bigoli	
7) Cozza	
8) Fegato	
9) Spaghetti	
10) Salsiccia	

RISTORANTI, TRATTORIE E PIZZERIE

A Venezia non mancano certo i ristoranti e l'offerta è vastissima. Si può scegliere da quello che propone una **cucina casalinga** e dal **prezzo contenuto**, a quello di **fama internazionale** e dal conto senz'altro più alto, soprattutto se avete scelto un **vino pregiato** e se avete mangiato pesce fresco. Ci sono ristoranti che presentano menù di cucina **tradizionale**, **vegetariana** o **straniera**. A voi la scelta. Ci sono, poi, un gran numero di **trattorie**, alcune propongono un menù turistico, altre si rivolgono a clienti affezionati. Lontano da San Marco generalmente sono più economiche. Infine le pizzerie: sono tante e la pizza di solito non è male.

Avvertimento: Venezia è una città turistica e può capitare di mangiare in un posto finto tradizionale, dai prezzi altissimi, quindi, attenzione!

Esercizio 3

Tra le tante varietà di biscotti i più famosi sono i baicoli. Sono di forma allungata e sottile e tradizionalmente vengono gustati con una tazza di cioccolata o anche intinti nel vino.
Nelle diverse scatole in cui vengono venduti c'è una scritta in veneziano, provate a tradurla in italiano:

"no g'hè a sto mondo no più bel biscoto più fin,
più dolce, più lisiero e san, per mogiar nella cicara e nel goto,
del Baicolo nostro venezian"

....
....
....
....
....

CURIOSITÀ

L'oriente in cucina. Il magnifico passato della città, caratterizzato da tanti scambi commerciali con l'oriente, ha influenzato tra le altre cose anche la gastronomia. Il riso, la frutta secca e le spezie sono entrate a far parte della cucina locale dando un caratteristico sapore al cibo.

LA CUCINA VENEZIANA DALLA A ALLA Z

Alcune informazioni sulla **cucina veneziana** vi aiuteranno al momento delle ordinazioni.

Arancino: *polpetta di riso fritta con pesce o carne.*

Bacalà mantecà: *quello del baccalà mantecato è un sapore tradizionale; non si può andare via da Venezia senza averlo assaggiato. C'è un po' di confusione per distinguere il merluzzo essiccato che si chiama stoccafisso e il merluzzo sotto sale che si chiama baccalà. Bene, in verità quello del baccalà mantecato è uno stoccafisso, ma tant'è... Comunque, si prende il baccalà stoccafisso e lo si riduce in poltiglia mescolandolo, prima con il latte, poi con olio d'oliva, sale e prezzemolo tritato, fino a renderlo cremoso. Va servito con la polenta o sui crostini.*

Bigoi: *tra i primi piatti più richiesti in laguna ci sono senz'altro i bigoli in salsa. I bigoli sono un tipo di pasta lunga, bucata al centro e un po' ruvida. Condimento a base di filetti d'acciughe, cipolle, olio, sale e prezzemolo tritato.*

Bussolai buranei: *sono biscotti dolci, tipici di Burano. Sono all'uovo e hanno una forma ad "esse" o circolare come una ciambella.*

Figà a la venexiàna: *altro piatto tradizionale, ormai conosciuto in tutto il mondo. Apprezzato dagli amanti della carne, il fegato alla veneziana è preparato con questi ingredienti: fegato di vitello a fettine sottili, cipolle, burro, polenta, olio, sale e prezzemolo.*

Frìtole: *frittelle con uvetta e pinoli. Si trovano durante il carnevale.*

Lugànega: *buona, anzi buonissima! Le luganeghe non sono altro che delle salsicce, lunghe e strette.*

Pasta e fasioi: *cavallo di battaglia della cucina veneziana, la pasta e fagioli è una minestra dalla densa consistenza, si dice che il piatto è riuscito se alla fine della cottura un mestolo di legno rimane dritto al centro della pentola.*

Pesce: *qui siamo al trionfo! Gli innamorati del pesce e dei frutti di mare non potranno che gioire davanti a tavole imbandite che sembrano oceani. Peòci (cozze), caparòsoi (vongole veraci), gransipori e granseole (grossi granchi), bovoeti (lumachine), sfogi (sogliole), folpi (polipi), sepe (seppie) e tanto altro ancora. Il pesce a Venezia è il re della tavola.*

Risi e bisi: *riso e piselli. "Ogni riso un biso" è il detto su questa tradizionale minestra, servita addirittura ai dogi il giorno della festa di San Marco, il 25 aprile. I piselli devono essere in quantità non inferiore ai chicchi di riso.*

Sàrde in saòr: *questo piatto è molto saporito e più passano i giorni dopo la sua preparazione e più prende sapore. Le sarde così preparate possono essere conservate per una settimana. Sarde fritte, marinate con cipolle, aceto, pinoli e uvetta.*

Sgropìn: *sorbetto al limone, vodka e prosecco. Ecco come concludere una cena a base di pesce.*

Zaeto: *burro, zucchero, uvetta e farina di polenta sono gli ingredienti per questo biscotto da intingere nel vino.*

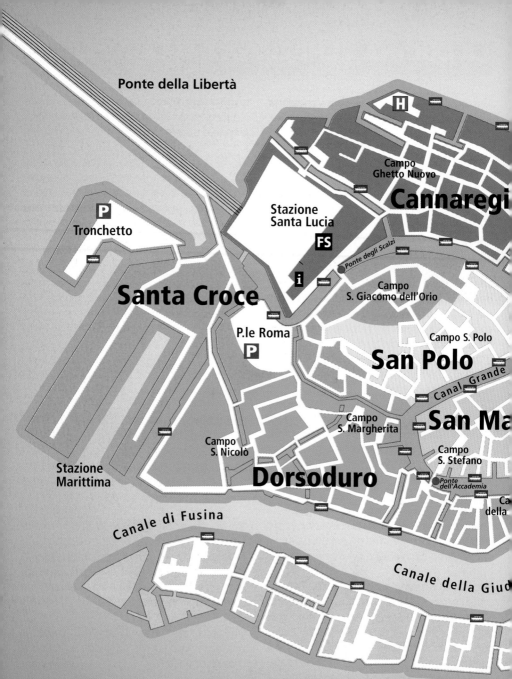

Ponte della Libertà

H

Campo
Ghetto Nuovo

Stazione
Santa Lucia

FS

Cannaregi

Ponte degli Scalzi

i

Tronchetto

P

Santa Croce

Campo
S. Giacomo dell'Orio

P.le Roma

P

Campo S. Polo

San Polo

Canal Grande

Campo
S. Margherita

San Ma

Campo
S. Nicolò

Campo
S. Stefano

Ponte
dell'Accademia

Stazione
Marittima

Dorsoduro

Ca
della

Canale di Fusina

Canale della Giud

Canale della Giud

Isola della Giudecca

Canale delle Fondamenta Nuove

Campo
postoli

H

Campo
SS. Giovanni e Paolo

Castello

Arsenale

Piazza
S. Marco

i

Canale di San Marco

Giardini
della Biennale

San Giorgio
Maggiore

Sant'Elena

per S. Servolo e S. Lazzaro degli Armeni

per Lido

per La Grazia e S. Clemente

Figà a la venexiàna (fegato alla veneziana)

"Ecco quanti e quali ingredienti servono:

100 grammi di fegato di vitello a persona,
un po' di cipolla,
olio per friggere,
sale e pepe.

Mettete in una padella un po' d'olio e fateci imbiondire una cipolla affettata.

Quando la cipolla è ben rosolata aggiungete il fegato tagliato a fettine sottili.

Poi condite con sale e pepe e...

...fate cuocere pochi minuti a fuoco forte, affinché il fegato rimanga morbido.

Ed ecco il risultato! Offrite agli amici questo piatto senza dimenticare di servirlo con un po' di polenta come contorno e un bicchiere di buon rosso per dare ancora più piacere al palato."

Quali sono per i veneziani le cinque cose per cui vale la pena di vivere a Venezia? Da chi stravede per gli **"undici leoni"** della squadra di calcio della città, a chi non potrebbe fare a meno di trovare un momento della giornata per fare quattro chiacchiere, magari davanti ad un buon bicchiere di vino. E i turisti? Quali sono le cinque cose per cui vale la pena di visitare la città e quali sono i cinque posti nei dintorni di Venezia che più meritano una visita? Se vi interessa sapere i gusti dei veneziani e le opinioni dei turisti, non dovete far altro che leggere il sondaggio che la vostra **Guida di Venezia** ha curato per voi.

■ VENEZIANI

Abbiamo chiesto a cento veneziani di diversa età quali sono le cinque cose per cui vale la pena di vivere a Venezia. Una buona parte ha inserito nella propria **top five** la voce **piacere della chiacchiera**, vivacizzata, però, dall'ironia che contraddistingue i veneziani; in pochi rinuncerebbero ad un'ombra e ad un cicchetto, ma quasi tutti amano **parlare in dialetto**. Alcuni si divertono assistendo alle accese **litigate fra trasportatori di merce** che, dalle loro imbarcazioni, si contendono l'attracco alla riva. Non tradisce le aspettative la passione per il calcio e soprattutto per il Venezia. Buon risultato anche per **il commercio**, da sempre importante attività della Serenissima.

Deludenti i risultati di altre voci come andare al cinema o in discoteca. Sorprendente, invece, il punteggio ottenuto dalla voce **panna montata** e mediocre quello di avere una **porta d'acqua** (le porte delle abitazioni dalla parte di canali o rii).

CURIOSITÀ

Il veneziano. Il dialetto veneziano è espressione di una cultura originale e di grande prestigio. Infatti, Venezia, per secoli, è stata un'importante potenza del Mediterraneo, divenendo crocevia tra oriente ed occidente. Anche per questo l'evoluzione del veneziano è diversa, non solo dagli altri dialetti del nord italia, ma anche da quelli veneti.

Comunque, esiste nel veneziano una particolarità comune ad altri dialetti italici che può incuriosire chi studia italiano, vale a dire la perdita del pronome personale soggetto nelle forme toniche. Al loro posto si usano i pronomi obliqui, esempio: *mi son venexiàn* per *io sono veneziano.*

Tra le altre interessanti differenze con l'italiano ricordiamo che in veneziano non si pronunciano le consonanti doppie, esempio: "*Ocio* (attenzione) *a le dopie*" per "*Occhio* (attenzione) *alle doppie*".

I NUMERI

I cento intervistati hanno dato la loro preferenza a circa 130 voci. Ecco la top five, con accanto i relativi voti ottenuti, la classifica di consolazione dal sesto all'ottavo posto e la voce arrivata all'ultimo posto:

TOP FIVE

1)	il veneziano	**84**
2)	farsi un'ombra e un cicchetto	**72**
3)	chiacchierare	**67**
4)	il Venezia	**52**
5)	il commercio	**48**

CLASSIFICA DI CONSOLAZIONE

6) la panna montata	**35**
7) assistere a litigate	**22**
8) avere una porta d'acqua	**11**

ULTIMO POSTO

Sono arrivate ultime ex aequo, le voci:

la cameriera del bar vicino casa	1
il marinaio del vaporetto	1
i gatti per la strada	1

Esercizio 1

Scegliete tra le alternative proposte l'affermazione che corrisponde al testo.

A

1) I veneziani trovano piacere nel chiacchierare.

2) I veneziani non trovano mai il tempo per fare quattro chiacchiere.

3) I veneziani preferiscono evitare di parlare del più e del meno.

B

1) Molti degli intervistati dicono di no ad un bicchiere di vino.

2) Solo alcuni degli intervistati dicono di no ad un bicchiere di vino.

3) Più della metà degli intervistati dice di no ad un bicchiere di vino.

C

1) Non stupisce il risultato negativo di "panna montata".

2) Stupisce il risultato negativo di "panna montata".

3) Stupisce il buon risultato di "panna montata".

■ TURISTI IN CITTÀ

Abbiamo chiesto a cinquanta turisti di diversa nazionalità alla fine del loro soggiorno veneziano quali erano, secondo loro, le cinque cose assolutamente da non perdere della città. Tutti hanno segnalato **Piazza San Marco, la Basilica di San Marco** e **Palazzo Ducale**; quasi tutti hanno indicato i palazzi sul Canal Grande con una leggera preferenza per **Ca' d'Oro** e **Ca' Rezzonico**, ottimi i risultati per il **Ponte di Rialto** e per il **Ponte dei Sospiri**.

Ai turisti giapponesi interessa lo shopping, ma anche una sosta per prendere una cioccolata calda al **Caffè Florian**. Gli americani sono attratti dall'**Arsenale**, dalle **Gallerie dell'Accademia** e, come altri, da una serata al **Casinò**. Gli europei, invece, preferiscono le passeggiate per calli e campielli e così, gli spagnoli per il **Ghetto** e gli inglesi per la **Giudecca**. I tedeschi, infine, danno la loro preferenza a **Ca' Pesaro**.

I NUMERI

I cinquanta "nostri" turisti hanno fatto il nome di una trentina di voci tra musei, palazzi, ponti, monumenti, chiese, campi, calli, piazze e negozi. Ecco a voi chi occupa le prime cinque posizioni, la classifica di consolazione e le voci nere, vale a dire le tre cose più brutte del viaggio:

TOP FIVE

Sono arrivate prime ex aequo, le voci:

1)	Basilica di San Marco	**50**
1)	Palazzo Ducale	**50**
1)	Piazza San Marco	**50**
4)	Ponte di Rialto	**44**
5)	Ca' d'Oro	**42**

CLASSIFICA DI CONSOLAZIONE

6)	Ca' Rezzonico	**37**
7)	Ponte dei Sospiri	**36**
8)	serata al Casinò	**15**

LA VOCE DELLA PROTESTA

1)	prezzi troppo alti	**9**
2)	orari limitati dei musei	**4**
3)	borseggiatori	**2**

CURIOSITÀ

Piazza San Marco. Grande meta turistica, la rettangolare Piazza San Marco ospita ogni giorno tantissimi visitatori, incantati dalla Basilica di San Marco (all'interno vengono conservate le spoglie dell'evangelista Marco. All'esterno, sulla facciata, sono da notare i cavalli di bronzo dorato del III secolo a. C.), dalla Torre dell'Orologio (da ammirare la statua dei Mori e il Leone alato, simbolo della città) e dalla Piazzetta di San Marco, dove si affaccia Palazzo Ducale, la residenza dei dogi. Nel retro, il palazzo è collegato alle Prigioni Nuove dal Ponte dei Sospiri. Chi sale sul campanile sarà contento per il super-panorama. Insomma, la piazza custodisce un tesoro immenso, godetevi lo spettacolo.

Esercizio 2

Indicate se le affermazioni che seguono sono vere o false.

	vero	falso
1) Agli spagnoli piace molto passeggiare per il Ghetto.	☐	☐
2) Agli statunitensi interessa esclusivamente il Casinò.	☐	☐
3) Solo qualcuno degli intervistati non ha dato la preferenza a Palazzo Ducale.	☐	☐
4) Molti inglesi sono affascinati dalla Giudecca.	☐	☐
5) Qualche intervistato ha protestato per i prezzi troppo alti.	☐	☐
6) I giapponesi detestano la cioccolata calda del Florian.	☐	☐
7) Molti hanno dato la preferenza a Ca' d'Oro.	☐	☐
8) Risultato negativo per Piazza San Marco.	☐	☐
9) Fuori dalla top five il Ponte dei Sospiri.	☐	☐
10) Agli europei piace solo visitare i musei.	☐	☐

■ TURISTI NEI DINTORNI

Abbiamo intervistato cinquanta stranieri di diversa nazionalità che hanno passato un periodo di vacanza a Venezia, dedicando un po' del loro tempo alla visita dei dintorni della città lagunare. Gli abbiamo chiesto quali erano, secondo loro, i cinque posti da non perdere. Non sorprendono le tante preferenze date a **Murano**, **Burano** e **Torcello**, così come quelle per una gita sul **Brenta** per ammirare le **Ville del Palladio**, magari raggiungendo **Padova** con il **burchiello** (antica imbarcazione). Buon punteggio per **Chioggia**, **Jesolo**, **Lido** e **Litorale del Cavallino** e stupisce l'ottimo risultato delle isole lagunari **San Lazzaro degli Armeni** e **San Francesco del Deserto**.

CURIOSITÀ

La riviera del Brenta. Questa striscia di terra, salvata a fatica dalle piene del fiume, è stata un tempo teatro di scontri tra veneziani e padovani e, in seguito, sede della residenza di campagna dei dogi e di altre illustri famiglie veneziane. Una giornata passata nella riviera del Brenta, tra il verde della natura e le bellissime ville, è senz'altro all'insegna del relax.

I NUMERI

I "cinquanta" del sondaggio hanno fatto riferimento ad una ventina di voci tra itinerari, isole lagunari, mete culturali, cittadine e città nelle vicinanze. Ecco a voi la top five e la classifica di consolazione:

TOP FIVE

1)	Murano	**49**
2)	gita sul Brenta	**47**
3)	Burano	**45**
4)	Torcello	**37**
5)	San Francesco del Deserto	**33**

CLASSIFICA DI CONSOLAZIONE

6)	San Lazzaro degli Armeni	**31**
7)	Lido	**30**
8)	Chioggia	**28**

Esercizio 3

Quale di queste tre serie corrisponde in ogni sua parte al testo?

1

- Molti turisti non rinunciano ad una gita sul Brenta.
- Sorprendono negativamente le poche preferenze date a Burano.
- Mediocre il risultato di San Francesco del Deserto.

2

- La maggioranza delle preferenze è andata a Murano.
- Molte preferenze per l'isola di Burano.
- A Torcello il numero di voti più basso della top five.

3

- Migliore il risultato del Lido rispetto a quello di Chioggia.
- Meno preferenze a Jesolo che a Chioggia.
- Minor numero di voti per il Lido rispetto a San Lazzaro degli Armeni.

Scorcio veneziano

CINEMA

A Venezia ci sono poche sale cinematografiche. I film stranieri sono quasi tutti doppiati ed è quindi difficile assistere a spettacoli in lingua originale, se non per iniziativa di alcune sale. Ma Venezia è soprattutto la città della **Mostra internazionale del Cinema**, la manifestazione che si svolge al Lido nelle prime settimane di settembre e premia con il **Leone d'oro** il miglior film in concorso. Prima biennale e poi annuale, è il primo festival in ordine di tempo dedicato al cinema: la prima edizione risale infatti al 1932. Gli appassionati della settima arte possono approfittare e vedersi tanti film assistendo alla proiezione delle opere che partecipano all'evento. Una sola raccomandazione: per acquistare i biglietti d'entrata per la **sala Grande** e la **sala Volpi** meglio mettersi in fila con un po' di anticipo; più facile l'ingresso al **Palagalileo**. Chi non vuole spostarsi al Lido, ma rimanere a Venezia per godersi all'aperto i film del festival, può andare al cinema allestito o in **Campo Sant'Angelo** o in **Campo San Polo**. Anche qui fila ai botteghini.

CINEMA, CHE PASSIONE!

Agli appassionati di cinema consigliamo di visitare i luoghi dove sono stati ambientati i numerosi film, italiani e stranieri, che hanno Venezia come cornice e, ai cinefili collezionisti, di arricchire la loro raccolta con le cassette dei film che hanno reso ancora più celebre la città veneta. Del resto chi è innamorato della Serenissima e affascinato dal cinema non può perdersi film come, ad esempio, i due capolavori di **Luchino Visconti**, **Senso** e **Morte a Venezia** o l'opera di **Michelangelo Antonioni**, **Identificazione di una donna**. Mentre chi è interessato ai film d'avventura non può mancare l'appuntamento con **Indiana Jones e l'ultima crociata**, con l'inarrestabile **Indiana Jones**, **Harrison Ford**, e la regia del grande **Steven Spielberg**. E non dimenticate la commedia musicale **Tutti dicono I love you** di **Woody Allen**, girato tra New York, Venezia e Parigi. Insomma, tantissimi film di tutti i generi e per tutti i gusti. I più esigenti possono visitare l'archivio della **Videoteca Pasinetti** dove si trovano tutti i film su Venezia o, comunque, girati a Venezia: Palazzo Carminati, Santa Croce 1882, Tel. 0415241320.

Collegate ogni titolo di film che trovate nel settore **A**, all'anno di produzione, al regista e ai protagonisti, elencati nel settore **B**.

Settore A

a) Dalla Russia con amore
b) Identificazione di una donna
c) Tutti dicono I love you
d) Indiana Jones e l'ultima crociata
e) Pane e tulipani
f) Senso
g) Cappello a cilindro
h) Canal Grande
i) Morte a Venezia
l) Anonimo veneziano

Settore B

1) 1935; di Mark Sandrich, con Fred Astaire e Ginger Rogers
2) 1971; di Luchino Visconti, con Dirk Bogarde e Silvana Mangano
3) 2000; di Silvio Soldini, con Licia Maglietta e Bruno Ganz
4) 1963; di Terence Young, con Sean Connery
5) 1982; di Michelangelo Antonioni, con Tomas Milian, Daniela Silverio e Christine Boisson
6) 1970; di Enrico Maria Salerno, con Florinda Bolkan e Tony Musante
7) 1989; di Steven Spielberg, con Harrison Ford e Sean Connery
8) 1996; di Woody Allen, con Woody Allen e Julia Roberts
9) 1954; di Luchino Visconti, con Alida Valli, Farley Granger, Massimo Girotti e Rina Morelli
10) 1943; di Andrea Robilant, con Cesco Baseggio e Maria Denis

*Di quale film si tratta? Collegate ognuna delle scene o notizie del settore **C** con il corrispondente film del settore **A** dell'esercizio precedente.*

Settore C

1) Una casalinga di Pescara va a Venezia dove non è mai stata.
2) Chi conosce bene Venezia può riconoscere tanti luoghi nascosti e la Scuola di San Rocco.
3) Tragico amore tra un musicista affetto da un male incurabile e sua moglie.
4) Celebre sequenza iniziale girata al Teatro La Fenice.
5) L'agente 007 arriva a Venezia via mare e insieme alla bionda Tatiana passa sotto il Ponte dei Sospiri.
6) Il Canal Grande come sfondo della vana ricerca di un regista della donna ideale.
7) Al sontuoso Hotel Des Bains del Lido un musicista rimane colpito da un giovane aristocratico polacco.
8) Il protagonista arriva in Campo San Barnaba su una gondola a motore.
9) Narrazione dei contrasti fra la prima compagnia di vaporetti e i gondolieri.
10) Famosa colonna sonora per una Venezia ricostruita negli studi hollywoodiani.

TEATRO

Purtroppo uno dei teatri più famosi e prestigiosi del mondo, **La Fenice**, è stato distrutto da un incendio nel 1996. In attesa della conclusione dei lavori di restauro la programmazione degli spettacoli non è sospesa. Infatti l'attività del teatro, inaugurato nel 1792, prosegue al **PalaFenice**, sull'isola del Tronchetto. Il **Teatro Goldoni** si trova in **calle del Teatro**, San Marco 4650. Ospita famose compagnie e un'interessante stagione di prosa, oltre ad un discreto numero di concerti.

Per sapere tutto su programmi ed orari vi consigliamo di comprare il **Gazzettino**, giornale veneziano che, ovviamente, dedica tante pagine alla città.

CURIOSITÀ

Carlo Goldoni. Il famoso commediografo (1707 - 1793) lasciò da giovane la carriera giuridica per dedicarsi al teatro. Si propose di rinnovare il teatro del Settecento superando la ormai degenerata commedia dell'arte. Negli oltre 150 lavori (tra i quali *La Bottega del caffè, La locandiera, Il ventaglio*) eliminò progressivamente le maschere, rinnovando i mezzi espressivi in una ricerca di adeguamento al realismo delle situazioni.

Esercizio

E ora tocca a voi... **"Essere o non essere"**
Interpretate con toni differenti le prime due battute della commedia goldoniana La locandiera.

Sala di locanda. Il marchese di Forlipopoli ed il Conte d'Albafiorita.

Marchese	*Fra voi e me vi è qualche differenza.*
Conte	*Sulla locanda tanto vale il vostro denaro, quanto vale il mio.*

MUSICA, MAESTRO!

Nella città di **Antonio Vivaldi**, non è difficile avere l'opportunità di ascoltare della buona musica. Ragazzi vestiti con costumi del Settecento pubblicizzano per la strada i concerti da camera che varie associazioni organizzano in alcune chiese, tra cui **I Frari**, **La Pietà** e **Santo Stefano**, ideali sale da concerto.

Numerosi e sparpagliati per tutta la città i locali dove ascoltare altri generi di musica e passare il tempo con gli amici. Informazioni sempre sul Gazzettino.

CURIOSITÀ

Antonio Vivaldi. Musicista e sacerdote (1678 - 1741), veniva chiamato "il prete rosso" per via dei suoi capelli. Maestro di coro, di violino e dei concerti al Conservatorio veneziano della Pietà, si rese celebre come violinista e operista. Secondo la critica le caratteristiche della sua musica superano le concezioni dell'età barocca e preludono alla sinfonia romantica. Celebri le sue *Quattro stagioni*.

Esercizio

Chi le ha composte? *Trovate a quale autore in elenco nella colonna* ***A*** *appartiene una delle composizioni in elenco nella colonna* ***B***.

A	B
1) Giovanni Gabrielli	a) Musiche veneziane
2) Baldassarre Galuppi	b) Sinfonie sacre
3) Alessandro Marcello	c) Musiche veneziane: concerti
4) Tommaso Albinoni	d) Concerto in re minore per oboe, archi e organo
5) Antonio Vivaldi	e) Musiche veneziane: passatempo al cembalo

Valutate il vostro **grado di venezianità**, affrontando la prova chiamata **"venexiàn venexiàn"**.

L'esame è diviso in tre parti; nella prima dovete immaginare di andare al mercato di Rialto, nella

seconda tra i negozi di artigianato di Venezia e nella terza tra i negozi di artigianato delle isole di Burano e di Murano e, per ognuna delle tre parti, svolgere gli esercizi richiesti. Controllate nelle chiavi se le vostre risposte sono corrette e fate il calcolo dei punti ottenuti. Infine guardate a quale giudizio corrisponde il vostro punteggio (solo gli esercizi 1 e 2 di ognuna delle tre prove fanno parte dell'esame, gli esercizi 3 e 4 sono attività extra).

Per svolgere la prima prova immaginate di andare al mercato di Rialto (avete 15 minuti di tempo per terminare gli esercizi):

IL MERCATO DI RIALTO

Vicino al Ponte di Rialto, dalla parte del **sestiere San Polo**, c'è il più noto mercato di Venezia: il Mercato di Rialto. Gli abitanti, per fare la spesa, e i

turisti, in cerca di curiosità, si affollano davanti alle vivaci **bancarelle** e sembrano smarrirsi nella percezione dei colori e dei profumi della merce in vendita. Mercato dai prezzi abbastanza contenuti, qui si possono trovare frutta, verdura e pesce fresco, quest'ultimo è meglio acquistarlo il venerdì e, potendo, la mattina presto. Ricordate che i **banchi interni** sono quasi sempre più economici. E quando poi, storditi dalla folla, vi sentite stanchi di girare per il mercato, vuol dire che è arrivato il momento di prendervi una pausa e fermarvi in un bàcaro (osteria). Non è difficile trovarne di buoni in questa zona.

Esercizio 1

"Cosa vuol dire?"
Scegliete tra le due alternative (ogni risposta corretta vale 1 punto).

Cosa vuol dire **"mangiare con gli occhi"**?
A) Fissare intensamente qualcuno o qualcosa. ☐
B) Farsi mantenere. ☐

Cosa vuol dire **"mangiarsi il fegato"**?
A) Avere molta fame. ☐
B) Tormentarsi per la rabbia. ☐

Cosa vuol dire **"mangiarsi le mani"**?
A) Aver speso tutti i soldi. ☐
B) Pentirsi per le scelte fatte. ☐

Esercizio 2

"Come si chiama?"
Dovete comprare del pesce, ne conoscete il nome di almeno 5 specie? Solo le risposte complete e corrette valgono 1 punto.

Esercizio 3

Gioco di ruolo.
Siete al mercato, fingete di fermarvi a chiacchierare con una persona che non conoscete su un argomento a scelta (va bene tutto, da come cucinare i bigoli in salsa al problema dell'acqua alta).

Esercizio 4

Scrivete gli ingredienti per cucinare il bacalà mantecà.

> *Per svolgere la seconda prova immaginate di andare nei negozi d'artigianato (avete 15 minuti di tempo per terminare gli esercizi):*

NEGOZI DI ARTIGIANATO

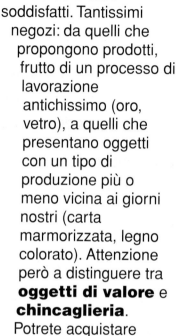

Se siete amanti dell'artigianato e vi piace girare per botteghe, a Venezia rimarrete senz'altro soddisfatti. Tantissimi negozi: da quelli che propongono prodotti, frutto di un processo di lavorazione antichissimo (oro, vetro), a quelli che presentano oggetti con un tipo di produzione più o meno vicina ai giorni nostri (carta marmorizzata, legno colorato). Attenzione però a distinguere tra **oggetti di valore** e **chincaglieria**. Potrete acquistare oggetti in oro, perle, maschere, imbarcazioni a remi, oggetti in vetro e tante altre cose. Spesso gli artigiani che lavorano un determinato tipo di **mercanzia** sono raggruppati nella stessa zona e così gli orefici, vicino a Rialto o gli indoratori, tra Santo Stefano e San Samuele.

"Cosa vuol dire?"
Scegliete tra le due alternative (ogni risposta corretta vale 1 punto).

Cosa vuol dire **"avere la bottega aperta"**?
   A) Avere i pantaloni sbottonati.   ☐
   B) Pregustare un piatto saporito.   ☐

Cosa vuol dire **"chiudere bottega"**?
   A) Abbandonare un'attività.   ☐
   B) Fingere di non vedere.   ☐

Cosa vuol dire **"casa e bottega"**?
   A) Essere oggetto di chiacchiere.   ☐
   B) Abitare vicino al posto di lavoro.   ☐

"Come si chiama?"
Dovete comprare dei costumi di carnevale, conoscete il nome di almeno 5 maschere italiane tradizionali? Solo le risposte complete e corrette valgono 1 punto.

Gioco di ruolo.
Siete in un negozio d'artigianato. Cercate di capire, parlando con il negoziante, se l'oggetto a cui siete interessati è di valore o è solo chincaglieria.

Scrivete sul vostro quaderno la descrizione dettagliata di una maschera tradizionale. Scegliete voi quale.

Per svolgere la terza prova immaginate di andare per i negozi e le botteghe di Burano e di Murano (avete 15 minuti di tempo per terminare gli esercizi):

NEGOZI DI ARTIGIANATO DI BURANO E MURANO

Burano è l'isola famosa per i **merletti**. Purtroppo il **ricamo** artigianale è un settore in crisi perché i prezzi sono troppo alti e l'attività non è di conseguenza molto redditizia. Infatti la concorrenza dei lavori eseguiti con le macchine non è contrastabile. Però, visitando il **Museo del Merletto**, ci si rende conto che alcuni pezzi sono delle vere opere d'arte: fazzoletti, tovaglie e altri oggetti sono ricamati in modo tale da far rimanere incantati.

Murano è l'isola celebre per la lavorazione del vetro. Al **Museo dell'Arte Vetraria** scoprirete lo sviluppo della lavorazione del vetro nel corso dei secoli e se si percorrono le **Fondamenta dei Vetrai** si avrà l'occasione di vedere gli artigiani al lavoro, mentre utilizzano le tecniche esistenti più sopraffine. Attenzione ai prezzi, a volte sono troppo alti.

"Cosa vuol dire?"

Scegliete tra le due alternative (ogni risposta corretta vale 1 punto).

Cosa vuol dire "**ricamarci sopra**"?

- **A)** Arricchire una notizia di particolari inventati. ☐
- **B)** Impegnarsi al massimo delle proprie forze. ☐

Cosa vuol dire "**tenere sotto una campana di vetro**"?

- **A)** Conservare l'amicizia di qualcuno. ☐
- **B)** Proteggere con cure eccessive. ☐

Cosa vuol dire "**fare orecchie da mercante**"?

- **A)** Far finta di non sentire una determinata richiesta. ☐
- **B)** Condannare, contrastare. ☐

"Come si chiama?"

Volete fare un giro per le isole della laguna, ne conoscete il nome di almeno 5? Solo le risposte complete e corrette valgono 1 punto.

Gioco di ruolo.

Siete a Burano, al Museo del Merletto. Cercate di capire, parlando con un custode del museo, come avviene la lavorazione di una preziosa tovaglia ricamata artigianalmente (l'esercizio è considerato riuscito anche se la descrizione della lavorazione della tovaglia è inventata).

Immaginate di essere a Murano e di seguire la realizzazione di un oggetto in vetro. Scrivete la descrizione delle tecniche utilizzate (l'esercizio è considerato riuscito anche se la descrizione della lavorazione del vetro è inventata).

PUNTEGGIO

Punteggio da 1 a 4: "turisti per caso"

Si consiglia a chi vive all'estero una partenza immediata per Venezia e a chi è già nella città lagunare di lasciarsi andare e di essere protagonisti della vita cittadina. Tra un breve periodo sarete pronti per affrontare con successo qualsiasi conversazione in italiano.

Punteggio da 5 a 8: "più viaggiatori che turisti"

Il vostro italiano è già di buon livello e questo vi permette di guardare la città con occhi più attenti. Non vi limitate a passeggiare per Piazza San Marco o ad ammirare i palazzi del Canal Grande, ma cercate anche di capire le abitudini e il rapporto con la vita di chi ogni mattina, abitando a Venezia, si sveglia in un posto unico al mondo e si trova davanti alle più alte espressioni dell'arte.

Punteggio da 9 a 12: "venexiàn venexiàn"

Un appartamento nel sestiere Castello è quello che fa per voi, parlate un ottimo italiano e vi muovete con disinvoltura in tutte le situazioni del quotidiano. Probabilmente avete capito tanti paradossi della città e molte cose non vi sembrano più strane, anzi, vi sembrano del tutto naturali.

Chiostro

LE CHIAVI

Il clima

esercizio 1:

    1) afoso

    2) nebbioso

    3) assolato

    4) piovosa

    5) umido.

esercizio 2:

    1) C'è un'umidità che ti entra dentro le ossa.

    2) C'è una nebbia che non si taglia neanche con il coltello.

    3) C'è un'afa che non si respira.

    4) Piove a dirotto.

    5) Oggi c'è un sole che rende ancora più bella Venezia.

esercizio 3:

    1) no;

    2) no;

    3) sì;

    4) no;

    5) no.

esercizio 4:

    1) falso;

    2) falso;

    3) vero;

    4) vero;

    5) vero.

Come arrivare

IN AEREO

esercizio 1:

1) Marco Polo;
2) A Tessèra;
3) A 12 chilometri;
4) Con l'autobus - la navetta - l'Alilaguna - i motoscafi - il taxi acqueo
5) Dall'aeroporto Nicelli

esercizio 2:

1) da;
2) a;
3) a;
4) per;
5) nel;
6) di;
7) sulla;
8) per;
9) di;
10) a.

IN TRENO

esercizio 1:

1) scompartimento;
2) vagone;
3) finestrino;
4) carrello;
5) binario.

esercizio 2:

1) vero;
2) vero;
3) falso;
4) falso;
5) falso.

Trasporti

VAPORETTO

esercizio:

1) Ai botteghini degli imbarcaderi, dai tabaccai o nelle altre rivendite autorizzate.
2) Al primo passaggio

TAXI

esercizio:

ad esempio:
1) non prendere / non rifiutare
2) messo in mostra / celato
3) molto caro / economico
4) non in regola / autorizzato
5) sborsare / incassare

GONDOLA

esercizio:

La biondina in gondoletta - L'altra sera ho portato, -
Dal piacere la poverina - Si è subito addormentata. -
Dormiva su questo braccio, - Io ogni tanto la svegliavo, -
Ma la barca che dondolava - La rifaceva addormentare.

Itinerario "L'alcova"

esercizio:

1 - D / 2 - E / 3 - B / 4 - C / 5 - A

Itinerario "L'inseguimento"

esercizio 1:

1 - E / 2 - A / 3 - B / 4 - C / 5 - D

esercizio 2:

1) San Marco;
2) Campo San Samuele;
3) Calle Malipiero;
4) Seduti in un bar di Campo Santo Stefano;
5) Per calle e campielli.

Itinerario "Il gobbo"

esercizio:

1) 421 d. C.;
2) Il supremo magistrato della Repubblica;
3) Legiferare ed eleggere cariche importanti;
4) Amalfi, Genova e Pisa;
5) 1866.

Dove mangiare

esercizio 1:

   bocce

esercizio 2:

   frutto di mare: 4 - 7
   pasta: 6 - 9
   dolce: 1 - 3
   pesce: 2 - 5
   carne: 8 - 10

esercizio 3:

   Proprio non c'è a questo mondo un biscotto più bello,
   più sottile, più dolce, più leggero e sano da intingere nella
   tazza e nel bicchiere del nostro Baicolo veneziano.

Le cinque cose

esercizio 1:

   A - 1 / B - 2 / C - 3

esercizio 2:

1) vero;	2) falso;
3) falso;	4) vero;
5) vero;	6) falso;
7) vero;	8) falso;
9) vero;	10) falso.

esercizio 3:

   3

Gli itinerari dello spettacolo

CINEMA
esercizio 1:
a - 4 / b - 5 / c - 8 / d - 7 / e - 3 / f - 9 / g - 1 / h - 10 / i - 2 / l - 6
esercizio 2:
1 - e / 2 - c / 3 - l / 4 - f / 5 - a / 6 - b / 7 - i / 8 - d / 9 - h / 10 - g

MUSICA
esercizio:
1 - B / 2 - E / 3 - D / 4 - a / 5 - C

Esame di lingua italiana
(I MERCATI)

Il Mercato di Rialto
esercizio 1:
   1) Fissare intensamente qualcuno o qualcosa
   2) Tormentarsi per la rabbia
   3) Pentirsi per le scelte fatte
esercizio 2:
   ad esempio:
   1) sogliola
   2) spigola
   3) orata
   4) cernia
   5) tonno
esercizio 4:
   baccalà, latte, olio d'oliva, sale e prezzemolo.

Negozi di artigianato
esercizio 1:
   1) Avere i pantaloni sbottonati
   2) Abbandonare un'attività
   3) Abitare vicino al posto di lavoro
esercizio 2:
   ad esempio:
   1) Pantalone
   2) Pulcinella
   3) Colombina
   4) Arlecchino
   5) Brighella

Negozi di artigianato di Burano e Murano
esercizio 1:
   1) Arricchire una notizia di particolari inventati
   2) Proteggere con cure eccessive
   3) Far finta di non sentire una determinata richiesta
esercizio 2:
   ad esempio:
   1) San Francesco del Deserto
   2) San Lazzaro degli Armeni
   3) Torcello
   4) Poveglia
   5) San Giorgio Maggiore

AGENDA

In questa agenda segnaliamo alcuni indirizzi e numeri di telefono che pensiamo possano esservi utili. Ma, attenzione: può capitare che un numero di telefono cambi, quindi, per maggior sicurezza è sempre meglio telefonare all'**APT** (azienda promozione turistica) di Venezia. Qui vi daranno informazioni dettagliate e aggiornate su alloggi, musei, luoghi di fede, spettacoli, sport e sulle altre notizie che vi interessano.

APT, 30122 Venezia - Castello 4421 - Tel. 0415298711 - Fax 0415230399 sito web: //www.provincia.venezia.it E-mail: aptve@provincia.venezia.it

NUMERI UTILI

Polizia pronto intervento **Tel. 113**
Carabinieri **Tel. 112**
Vigili del fuoco **Tel. 115**
ACI (soccorso stradale) **Tel. 116**
Emergenza medica **Tel. 118**
Informazioni meteorologiche **Tel. 167860348**
Oggetti smarriti:
Stazione Santa Lucia, **Tel. 041785238**
Aeroporto Marco Polo, **Tel. 0412606436**
Comune, **Tel. 0412748225**

BIBLIOTECHE

Biblioteca Nazionale Marciana
Piazzetta San Marco, 7
Biblioteca Querini Stampalia
Castello 4778 - Campiello Querini
Biblioteca del Museo Correr
San Marco 52
**Biblioteca dell'Istituto Universitario di
Architettura di Venezia**
Santa Croce 191
Biblioteca Ca' Foscari
Dorsoduro 3199 - Calle San Bernardo
Biblioteca della Fondazione Giorgio Cini
Isola di San Giorgio

LIBRERIE

Libreria editrice Filippi
Castello 5763 - Calle del Paradiso
Castello 5284, Casselleria
Libreria Goldoni
San Marco 4743 - Calle dei Fabbri
Libreria Luminar
Castello 5785/b - Salizada San Lio
(specializzata in edizioni in lingua inglese)
Libreria Cafoscarina
Dorsoduro 3259 - Campiello degli Squellini
Libreria San Giovanni e Paolo
Castello 6358 - Campo San Giovanni e Paolo
(specializzata in edizioni in lingua francese)

MUSEI
Museo Correr
San Marco 52
Museo archeologico
San Marco 17
Galleria Franchetti
Cannaregio - Ca' d'Oro
Museo del Settecento veneziano
Dorsoduro 3136 - Ca' Rezzonico
Collezione Peggy Guggenheim
Dorsoduro 701 - Palazzo Venier dei Leoni
Galleria internazionale d'arte moderna
Museo d'arte orientale
Santa Croce 2076 - Ca' Pesaro

ANNOTAZIONI

....

....

....

....

....

....

....

....

....

....

Amato
Mondo italiano
testi autentici sulla realtà sociale
e culturale italiana
• libro dello studente
• quaderno degli esercizi

Ambroso e Stefancich
Parole
10 percorsi nel lessico italiano
esercizi guidati

Avitabile
Italian for the English-speaking

Balboni
GrammaGiochi
per giocare con la grammatica

Ballarin e Begotti
Destinazione Italia
l'italiano per operatori turistici
• manuale di lavoro
• 1 audiocassetta

Barki e Diadori
Pro e contro
conversare e argomentare in italiano
• **1 liv.** intermedio - libro dello studente
• **2 liv.** intermedio-avanzato - libro dello studente
• guida per l'insegnante

Battaglia
Grammatica italiana per stranieri

Battaglia
**Gramática italiana
para estudiantes de habla española**

Battaglia
Leggiamo e conversiamo
letture italiane con esercizi per la conversazione

Battaglia e Varsi
Parole e immagini
corso elementare di lingua italiana
per principianti

Bettoni e Vicentini
Passeggiate italiane
lezioni di italiano - livello avanzato

Bettoni e Vicentini
Imparare dal vivo *
lezioni di italiano - livello avanzato
• manuale per l'allievo
• chiavi per gli esercizi

Buttaroni
Letteratura al naturale
autori italiani contemporanei
con attività di analisi linguistica

Camalich e Temperini
Un mare di parole
letture ed esercizi di lessico italiano

Carresi, Chiarenza e Frollano
L'italiano all'opera
attività linguistiche attraverso 15 arie famose

Cherubini
L'italiano per gli affari
corso comunicativo di lingua e cultura aziendale
• manuale di lavoro
• 1 audiocassetta

Cini
Strategie di scrittura
quaderno di scrittura - livello intermedio

Deon, Francini e Talamo
Amor di Roma
Roma nella letteratura italiana del Novecento
testi con attività di comprensione
livello intermedio-avanzato

Diadori
Senza parole
100 gesti degli italiani

du Bessé
PerCORSO GUIDAto guida di **Roma**
con attività ed esercizi di italiano

du Bessé
PerCORSO GUIDAto guida di **Firenze**
con attività ed esercizi di italiano

du Bessé
PerCORSO GUIDAto guida di **Venezia**
con attività ed esercizi di italiano

Gruppo META
Uno
corso comunicativo di italiano - primo livello
• libro dello studente
• libro degli esercizi e grammatica
• guida per l'insegnante
• 3 audiocassette

Gruppo META
Due
corso comunicativo di italiano - secondo livello
• libro dello studente
• libro degli esercizi e grammatica
• guida per l'insegnante
• 4 audiocassette

Gruppo NAVILE
Dire, fare, capire
l'italiano come seconda lingua
• libro dello studente
• guida per l'insegnante
• 1 audiocassetta

Humphris, Luzi Catizone, Urbani
Comunicare meglio
corso di italiano
livello intermedio-avanzato
• manuale per l'allievo
• manuale per l'insegnante
• 4 audiocassette

**Istruzioni per l'uso
dell'italiano in classe 1**
88 suggerimenti didattici per attività comunicative

**Istruzioni per l'uso
dell'italiano in classe 2**
111 suggerimenti didattici per attività comunicative

Jones e Marmini
Comunicando s'impara
esperienze comunicative
• libro dello studente
• libro dell'insegnante

Maffei e Spagnesi
Ascoltami!
22 situazioni comunicative
• manuale di lavoro

• 2 audiocassette

Marmini e Vicentini
Passeggiate italiane
lezioni di italiano - livello intermedio

Marmini e Vicentini
Imparare dal vivo *
lezioni di italiano - livello intermedio
• manuale per l'allievo
• chiavi per gli esercizi

Marmini e Vicentini
Ascoltare dal vivo
manuale di ascolto - livello intermedio
• quaderno dello studente
• libro dell'insegnante
• 3 audiocassette

Paganini
ìssimo
quaderno di scrittura - livello avanzato

Pontesilli
I verbi italiani
modelli di coniugazione

Quaderno IT - n. 3
esame per la certificazione
dell'italiano come L2 - livello avanzato
prove del 1998 e del 1999
• volume+audiocassetta

Radicchi
Corso di lingua italiana
livello elementare
• manuale di lavoro
• 1 audiocassetta

Radicchi
Corso di lingua italiana
livello intermedio

Radicchi
In Italia
modi di dire ed espressioni idiomatiche

Spagnesi
Dizionario dell'economia e della finanza

Stefancich
Cose d'Italia
tra lingua e cultura

Stefancich
Tracce di animali
nella lingua italiana tra lingua e cultura

Svolacchia e Kaunzner
Suoni, accento e intonazione
corso di ascolto e pronuncia
• manuale
• set di 5 audio CD

Totaro e Zanardi
Quintetto italiano
approccio tematico multimediale
livello avanzato
• libro dello studente con esercizi
• libro per l'insegnante
• 2 audiocassette
• 1 videocassetta

Ulisse
Faccia a faccia
attività comunicative
livello elementare-intermedio

Urbani
Senta, scusi...
programma di comprensione auditiva
con spunti di produzione libera orale
• manuale di lavoro
• 1 audiocassetta

Urbani
Le forme del verbo italiano

Verri Menzel
La bottega dell'italiano
antologia di scrittori italiani del Novecento

Vicentini e Zanardi
Tanto per parlare
materiale per la conversazione
livello medio-avanzato
• libro dello studente
• libro dell'insegnante

Linguaggi settoriali

Dica 33
il linguaggio della medicina
• libro dello studente
• guida per l'insegnante
• 1 audiocassetta

L'arte del costruire
• libro dello studente
• guida per l'insegnante

Una lingua in pretura
il linguaggio del diritto
• libro dello studente
• guida per l'insegnante
• 1 audiocassetta

Pubblicazioni di glottodidattica

Celentin, Dolci - **La formazione di base del docente di italiano per stranieri**

I libri dell'Arco

1. Balboni • **Didattica dell'italiano a stranieri**

2. Diadori • **L'italiano televisivo**

3. Micheli • **Test d'ingresso di italiano per stranieri**

4. Benucci • **La grammatica nell'insegnamento dell'italiano a stranieri**

5. AA.VV. • **Curricolo d'italiano per stranieri**

6. Coveri et al. • **Le varietà dell'italiano**

Bonacci editore

Classici italiani per stranieri

testi con parafrasi a fronte* e note

1. Leopardi • *Poesie**
2. Boccaccio • *Cinque novelle**
3. Machiavelli • *Il principe**
4. Foscolo • *Sepolcri e sonetti**
5. Pirandello • *Così è (se vi pare)*
6. D'Annunzio • *Poesie**
7. D'Annunzio • *Novelle*
8. Verga • *Novelle*

9. Pascoli • *Poesie**
10. Manzoni • *Inni, odi e cori**
11. Petrarca • *Poesie**
12. Dante • *Inferno**
13. Dante • *Purgatorio**
14. Dante • *Paradiso**
15. Goldoni • *La locandiera*
16. Svevo • *Una burla riuscita*

Libretti d'Opera per stranieri

testi con parafrasi a fronte* e note

1. *La Traviata**
2. *Cavalleria rusticana**
3. *Rigoletto**
4. *La Bohème**
5. *Il barbiere di Siviglia**

6. *Tosca**
7. *Le nozze di Figaro*
8. *Don Giovanni*
9. *Così fan tutte*
10. *Otello**

Letture italiane per stranieri

1. Marretta • *Pronto, commissario...? 1*
   16 racconti gialli con soluzione
   ed esercizi per la comprensione del testo

2. Marretta • *Pronto, commissario...? 2*
   16 racconti gialli con soluzione
   ed esercizi per la comprensione del testo

3. Marretta • *Elementare, commissario!*
   8 racconti gialli con soluzione
   ed esercizi per la comprensione del testo

Mosaico italiano

racconti italiani su 4 livelli

1. Santoni • *La straniera* - liv. 2
2. Nabboli • *Una spiaggia rischiosa* - liv. 1
3. Nencini • *Giallo a Cortina* - liv. 2
4. Nencini • *Il mistero del quadro
   di Porta Portese* - liv. 3
5. Santoni • *Primavera a Roma* - liv. 1

6. Castellazzo • *Premio letterario* - liv. 4
7. Andres • *Due estati a Siena* - liv. 3
8. Nabboli • *Due storie* - liv. 1
9. Santoni • *Ferie pericolose* - liv. 3
10. Andres • *Margherita e gli altri* - liv. 2 e 3

Bonacci editore

Finito di stampare nel mese di gennaio 2001 dalla SEA s.r.l. Roma